HIPPOLYTE MINIER

MOLIÈRE A BORDEAUX

COMÉDIE ÉPISODIQUE EN DEUX ACTES ET EN VERS

Représentée pour la première fois sur la scène du Théâtre-Français de Bordeaux,
le 14 janvier 1865.

(Administration de M. E. GONTIÉ.)

PRIX : UN FRANC

SE VEND

DANS TOUTES LES LIBRAIRIES DE BORDEAUX
ET A L'IMPRIMERIE GOUNOUILHOU

1865

MOLIÈRE A BORDEAUX

Bordeaux, G. Gounouilhou, impr. de l'Académie,
rue Guiraude, 11.

MOLIÈRE A BORDEAUX

COMÉDIE ÉPISODIQUE EN DEUX ACTES ET EN VERS

Représentée pour la première fois sur la scène du Théâtre-Français de Bordeaux,
le 14 janvier 1865.

(Administration de M. E. GONTIÉ.)

PRIX : UN FRANC

SE VEND

DANS TOUTES LES LIBRAIRIES DE BORDEAUX
ET A L'IMPRIMERIE GOUNOUILHOU

1865

A MOLIÈRE

PERSONNAGES :

LE DUC D'ÉPERNON (Bernard de la Vallette), Gouver-
neur de Guyenne, 50 ans........................ MM. LAMBERT.
MOLIÈRE, 26 ans........   ..   CHAVANNES.
DUPARC, dit *GROS-RENÉ.* \   ..   BOUCHET.
BÉJART aîné............ | Comédiens   \ ..   CLAVANDIER.
                        | de |
MADELEINE BÉJART..... \ l'*Illustre-Théâtre.* / ... Mlles THÉZE.
Mlle DE BRIE............ \ | ..   RICQUIER.
Mlle DUPARC............   ..   MAES.
Le duc de SAINT-AIGNAN (ORONTE)................ M.   WABLE.
BRIVE, page du duc d'ÉPERNON.................... Mlle MEYER.
VALADON, secrétaire du même.................... MM. A. ROQUE.
JACQUES DE LESTRILLE, jurat.................... MONCELL.
FRANS.   *Id.* .... BLANCHARD.
ARDANT.   *Id.* .... TRÉMOULET.
DU HAUMONT, commandant du Château-Trompette.... DUMAS.
BEAUROCHE, écuyer du duc d'ÉPERNON............. DUCLOS.
PREMIER HOMME DU PEUPLE..................... ALFRED.
DEUXIÈME HOMME DU PEUPLE................... COUDERC.
TROISIÈME HOMME DU PEUPLE.................. FÉLIX.

Héraut, massiers, fourrier de la ville, trompettes d'argent, valets.

La scène se passe, à Bordeaux, en 1648, chez le duc d'Épernon, dans sa maison de Puy-Paulin.

Mise en scène de M. E. PRIOLEAU, régisseur en chef du Théâtre Français,
Musique de M. HERMANN.

Les indications sont prises de la salle. Les personnages sont inscrits en tête de chaque scène
dans la place qu'ils occupent : le premier, à gauche du spectateur.

MOLIÈRE A BORDEAUX

COMÉDIE ÉPISODIQUE EN DEUX ACTES

ACTE PREMIER.

Une grande salle au premier étage de la maison de Puy-Paulin. — Porte au fond. — Portes dans les angles, à droite et à gauche. — Une fenêtre à droite. — Meubles de la fin du règne de Louis XIII : un grand fauteuil sur le premier plan, à gauche; une table et tout ce qu'il faut pour écrire, sur le même plan, à droite. — Au lever du rideau, Valadon est assis devant la table; il parcourt des papiers.

SCÈNE I.

LE DUC D'ÉPERNON, LES JURATS, DU HAUMONT, BEAUROCHE, BRIVE, VALADON.

LE DUC, entrant, précédé par les trompettes d'argent, le héraut de la ville, les massiers, les jurats, et suivi par Du Haumont, Beauroche et Brive. — Aux jurats.

Hier, à Cadillac, j'ai reçu votre lettre...
Et j'accours...

   JACQUES DE LESTRILLES, *premier jurat.*

  Monseigneur...

    LE DUC, avec humeur.

       Voulez-vous bien permettre
Que je respire un peu... Vous êtes fatigants,
Messieurs les Jurats... Vrai !...

         (Il s'assied dans le grand fauteuil, à gauche.)
  (A Brive, placé à droite.)
       Brive, ôte-moi mes gants.
Être duc d'Épernon, gouverneur de Guyenne,

         2

Pour qu'un jour tout entier jamais ne m'appartienne!
Mes valets, de leur temps, sont plus maîtres que moi...
    (Se renversant dans le fauteuil.)
J'écoute.

JACQUES DE LESTRILLES.

Monseigneur, la ville est en émoi...
Le soleil, l'an dernier, a brûlé la récolte;
Bordeaux manque de pain et Bordeaux se révolte.
Le peuple, que toujours la famine aveugla,
Dans son malheur s'en prend à nous...

LE DUC, se levant.

Et pour cela
Vous m'avez tout exprès fait revenir en ville?...
Que le peuple vous pende!... et laissez-moi tranquille.

JACQUES DE LESTRILLES, avec dignité.

Croyez-vous que la peur nous ait conduits ici?
Qui veut nous effrayer n'a jamais réussi.
Nous savons affronter la fureur populaire,
Autant que nous savons braver votre colère...
Le peuple est, à bon droit, contre vous irrité.
Quant à nous, le respect à votre autorité
N'ira pas, il faut bien qu'on vous en avertisse,
Jusques à seconder la fraude et l'injustice...
Oui, Monseigneur, des gens qu'on vous voit protéger,
Accaparent le blé qu'apporte l'étranger...
Forcez à vendre... ou bien la Jurade s'efface.
Vous verrez, Monseigneur, le peuple face à face;
Et prenez garde alors à l'émeute qui bout...
Le peuple parle haut, quand le peuple est debout!

LE DUC, riant.

Ah! ah!... j'y songerai... L'avis est charitable.
    (Congédiant du geste les jurats.)
Bonjour.
    (Les jurats saluent respectueusement et sortent.)

SCÈNE II.

LES MÊMES, moins LES JURATS.

LE DUC, à Brive.

Va t'assurer que l'on dresse la table.
(Brive sort par la gauche.)
Du Haumont, le Château-Trompette est-il armé?

DU HAUMONT.

S'il faut que le canon parle au peuple affamé,
Le Château lui réserve un argument suprême.

LE DUC.

Ton escadron, Beauroche, est sûr?

BEAUROCHE.
Comme moi-même.

LE DUC, galment.

Allons dîner.

VALADON, se levant et faisant un pas vers le duc.

Un mot, Monseigneur, s'il vous plaît.

LE DUC, s'arrêtant.

Que veux-tu?

VALADON.

La Béjart...

LE DUC, redescendant en scène.
Est arrivée?...

VALADON.
Elle est
Depuis deux jours ici.

LE DUC.
Quelle bonne nouvelle!
Madeleine Béjart!

VALADON.

Et Molière avec elle...
Logés céans... C'était l'ordre de Monseigneur.

LE DUC.

A l'*Illustre théâtre* on devait cet honneur.
Molière et la Béjart!... Messieurs, nous allons rire;
Mais pas seuls... Valadon, empresse-toi d'écrire
A tous les gros bonnets. Annonce mon retour,
Et, chez moi, le spectacle à la chute du jour...
Je les vois déjà tous pris d'une gaîté folle;
Tous, grave président et marquise frivole;
Tous, seigneurs et bourgeois, ensemble confondus;
Tous, même les Jurats... s'ils ne sont pas pendus...

(Le duc sort en riant par la gauche, suivi de ses officiers.)

SCÈNE III.

VALADON, seul.

La ville aura l'émeute, et nous la comédie...
Deux spectacles!... L'idée est neuve; elle est hardie...
Vive monsieur le Duc!...

(Réfléchissant.)

Mais il se pourrait bien

Que, pour notre théâtre abandonnant le sien,
Le peuple, cet acteur que la famine enrôle,
Voulût, dans notre pièce, improviser un rôle...
Diable! ça changerait un peu le dénoûment...

(Retournant à la table.)

Mais, de m'inquiéter, je suis fou, franchement;
C'est Beauroche et non moi que la chose regarde.
Autour de Puy-Paulin qu'il fasse bonne garde...
Le Duc m'a dit : « Invite. » Invitons...

(Madeleine Béjart et Molière sont entrés par la droite sur la fin du vers précédent.)

SCÈNE IV.

MADELEINE BÉJART, MOLIÈRE, VALADON.

VALADON.

Qui vient là ?

(Valadon se retourne, et voyant Madeleine Béjart déjà en scène,
à gauche, se lève pour la saluer.)

Madeleine Béjart... et Molière... Voilà
Les constellations de l'*Illustre théâtre* :
Le genre gracieux et le genre folâtre.
Le Duc est arrivé.

MOLIÈRE.

Nous le savons.

VALADON.

Ce soir
Vous jouez?

MADELEINE BÉJART.

Nous venons répéter.

VALADON, emportant des papiers.

Au revoir...
Allons écrire ailleurs...

(Il remonte vers le fond, et regardant la Béjart.)

Que cette femme est belle!
On ne saurait la voir sans être amoureux d'elle;
Le Duc en tient... Mais chut!... Molière est très jaloux.

(Il sort.)

SCÈNE V.

MADELEINE BÉJART, MOLIÈRE.

MADELEINE BÉJART.

Eh bien! devant le Duc, ce soir, que jouons-nous?

MOLIÈRE.

Je voulais débuter par une tragédie,
Mais la veine héroïque en moi s'est refroidie.

MADELEINE BÉJART.

Refroidie?... Ah! mon cher, tu te flattes... son feu
Ne te brûla jamais.

MOLIÈRE.

Hélas! j'en fais l'aveu...

Oui, la muse tragique à ma voix est rebelle :
Ma *Thébaïde* en est une preuve nouvelle.

MADELEINE BÉJART.

C'est plat... Tu cours en vain après le merveilleux.

MOLIÈRE, tristement.

Ma tragédie est morte en naissant.

MADELEINE BÉJART.

Eh! tant mieux!
L'Olympe reste sourd, quand ta plume l'évoque?
Laisse dormir les dieux et sois de ton époque!
A toi, la Comédie... elle te tend les bras...
Prends son masque et son fouet; tu les illustreras...
Souveraine, elle livre à ta veine féconde
Les vices, les travers, le cœur humain... le monde!

MOLIÈRE.

Mais le monde à mon cœur inspire le dégoût;
La force y fait la loi, l'injustice est partout.
Je ne puis fréquenter ni la cour ni la ville,
Sans y trouver matière à m'échauffer la bile.
Ma raison se récrie aux choses que je vois,
Quand ce n'est pas l'honneur qui se révolte en moi!
Que de fois, indigné de ce que j'entends dire,
Pour ne me point fâcher je m'efforce de rire...

MADELEINE BÉJART.

Ris donc... mais sur la scène, où tes plaisants pinceaux
Deviendront la terreur des fourbes et des sots...
Les répréhensions sont des armes usées;
Il faut livrer le vice aux publiques risées,
Si l'on veut que le vice expire sur-le-champ.
Insensible à la voix du remords, le méchant
Devant la raillerie avec effroi recule :
On veut être mauvais, mais non pas ridicule!

Ris donc... et, salué par tous les nobles cœurs,
De ton siècle, en riant, tu châtiras les mœurs...
Va, crois-en la Grésinde (ainsi que l'on me nomme),
L'œil d'une femme est prompt à lire dans un homme ;
Le génie aisément se révèle à l'amour ;
Je t'aime... et te juger fut l'affaire d'un jour.
Ton esprit soucieux, qui lui-même s'observe,
Ta bile qui déborde en satirique verve,
Ton courage debout devant la vérité,
Ton visage éloquent, ton geste médité,
L'ironie aiguisant ses traits dans ton sourire,
A mon œil exercé cela pourrait suffire,
Si j'ignorais encor tes comiques essais,
Pour voir en toi l'honneur du Théâtre-Français !

MOLIÈRE, passant devant elle.

Malheureuse... tais-toi !... Tu vas me faire croire
Au laurier populaire, au génie, à la gloire !

MADELEINE BÉJART.

Je veux te faire croire à toi-même.

MOLIÈRE, s'appuyant au fauteuil de gauche.

      Oh ! mon Dieu !
Je sens mon cœur brisé ; ma cervelle est en feu...
Ah ! que sortira-t-il de ce brûlant délire ?

MADELEINE BÉJART.

Des chefs-d'œuvre.

MOLIÈRE.

Grésinde !

MADELEINE BÉJART.

     Il te suffit de rire
Pour t'immortaliser.

MOLIÈRE, tristement.

Je rirai.

MADELEINE BÉJART.

Mais il faut
Rire pour faire rire, en public... et tout haut.

MOLIÈRE, avec gaîté, en descendant vivement à l'avant-scène.

Eh bien ! soit... Est-ce donc chose si difficile
Que de rire aux éclats d'un bourgeois imbécile,
Qui, singeant au rebours l'homme de qualité,
Travestit la noblesse en plate vanité ?
Faut-il de grands efforts pour livrer au sarcasme
L'amour, chez un barbon, luttant avec un asthme ?
Le jargon précieux d'un tendron suranné ?
Les impromptus moisis d'un rimeur forcené ?
La jactance d'un fat affichant sa maîtresse ?
Les soupirs onctueux d'une prude en détresse ?
La soif du gain, qui fait de l'avare un fripon ?
L'impertinent orgueil d'un auteur en jupon ?
Je rirai de ceux-là, je rirai de bien d'autres...
De vous, qui, d'Esculape homicides apôtres,
Assassinez en règle, armés publiquement
Du droit de l'ignorance et de l'entêtement !
De vous qui, saintement, convoitez notre femme ;
Qui nous déshonorez... pour le bien de notre âme ;
Et, mains jointes, d'un air confit en oraison,
Dans l'intérêt du ciel, pillez notre maison !...
Oui, marchands d'antimoine, oui, pieux hypocrites,
J'égalerai mon rire à vos puissants mérites.
Il réserve à vos fronts de suprêmes pâleurs...
Mais que ce rire-là me coûtera de pleurs !...

(Il s'assied dans le fauteuil.)

MADELEINE BÉJART, émue.

Poquelin !

MOLIÈRE.

Va, je sais où conduit la satire,
Et quel profit toujours l'honnête homme en retire.

Le pédant effronté, l'hypocrite hideux,
Ne pardonnent jamais à qui fait rire d'eux ;
Le ridicule aboie à l'auteur qui le joue,
Et le vice, en passant, le salit de sa boue !...
          (Il se lève.)
Mais nul homme ne vient au monde, sans avoir
Sa mission... La fuir, c'est faillir au devoir !
Peut-être que sans toi j'eusse oublié la mienne.
Merci !... De ton amour que la force me vienne !
Car le théâtre aussi peut avoir son martyr :
J'ai besoin d'être aimé pour savoir mieux souffrir !

MADELEINE BÉJART, avec passion.

Mais je t'aime, Molière... et d'un amour bien tendre,
Bien vif... A plus d'amour tu ne saurais prétendre...
Je t'aime... et te serai fidèle, comprends-tu ?
Fidèle par orgueil... si ce n'est par vertu...
J'ai révélé Molière à Molière lui-même ;
Et c'est, en toi, ta gloire et la mienne que j'aime...
Me crois-tu ?

MOLIÈRE.

          Je te crois... C'est que je suis jaloux
De tous ces grands seigneurs qui te font les yeux doux.

MADELEINE BÉJART.

Ils en sont pour les frais de leurs douces œillades...
Mais l'heure fuit... Je vais chercher nos camarades...

MOLIÈRE.

Que répéterons-nous... *Les Docteurs rivaux ?*

MADELEINE BÉJART.
                              Non,
Il faut un mets plus fin pour le duc d'Épernon...
Le Dépit amoureux ?

MOLIÈRE.

          La pièce est incomplète ;
Et trois actes entiers sont encor dans ma tête.

MADELEINE BÉJART.

Oui... mais nous en savons un par cœur.

MOLIÈRE.

Des lambeaux!

MADELEINE BÉJART.

Eh bien! nous les joûrons : les vers en sont fort beaux;
Et notre Duc aura la faveur singulière
D'applaudir, au début, le comique Molière.

(Elle sort par la droite.)

SCÈNE VI.

MOLIÈRE, puis BRIVE.

MOLIÈRE.

Quelle exaltation!... et, d'un amour puissant,
C'est, à n'en pas douter, le véritable accent.
Mais changeant est l'amour, et changeante la femme...
Feu prompt à s'allumer ne fait pas longue flamme...

(Il descend à droite.)

BRIVE, entrant par la gauche, un écrin à la main.

Madeleine Béjart... elle n'est pas ici?

MOLIÈRE.

Non... Que lui voulez-vous?

BRIVE, montrant l'écrin.

Lui remettre ceci.

MOLIÈRE.

Attendez un instant; elle va redescendre.

BRIVE.

Il faut que j'aille en ville, et ne puis pas attendre.
Vous êtes de sa troupe?

MOLIÈRE.

Oui.

BRIVE, présentant l'écrin à Molière.

                    Que vous seriez bon,

Si vous vouliez...

MOLIÈRE, prenant l'écrin.

Donnez... Je vous comprends...

BRIVE, saluant et remontant vers le fond.

                        Pardon !

(Il revient sur ses pas, à la droite de Molière qui a passé à gauche.)

Cachez-vous de Molière..., évitez qu'il ne voie
Ce portrait.

MOLIÈRE, inquiet.

Un portrait?

BRIVE.

                Oui... que le Duc envoie

A la Béjart... Il faut n'en point parler.

MOLIÈRE, à part, mécontent.

                   Ah ! ah !...

BRIVE.

Monseigneur m'a surtout recommandé cela.
On le dit fort jaloux ce monsieur de Molière ;
Jaloux d'une façon toute particulière.
A mon âge, un jaloux se définit très mal ;
Mais, monsieur, ça doit être un vilain animal.

                   (Il sort par le fond.)

SCÈNE VII.

MOLIÈRE, seul, agité.

Un jaloux !... mais le monde est fait d'étrange sorte !
Aux galants de madame un homme ouvre sa porte,
C'est un... sot ; par prudence il pousse les verroux,
Et le monde aussitôt de crier au jaloux !...

Parce que, tout entier à la femme que j'aime,
J'exige d'elle autant que je donne moi-même,
Je suis un jaloux?... Soit! Ce n'est pas sans raison...

(Entrent par la droite, sans être vus de Molière, Madeleine Béjart, Gros-René, Béjart aîné, Mmes Duparc et de Brie.)

MOLIÈRE, se croyant seul.

Ce portrait, que dit-il?... Il me dit trahison!...

SCÈNE VIII.

MOLIÈRE, au milieu sur le devant de la scène, MADELEINE BÉJART, GROS-RENÉ, BÉJART aîné, Mlles DUPARC et DE BRIE, sur le troisième plan.

MADELEINE BÉJART, à ses camarades, leur faisant signe de se taire.

Chut!... Molière compose.

GROS-RENÉ, à Madeleine Béjart.

Il travaille peut-être

A *l'Étourdi*.

MADELEINE BÉJART, à Gros-René.

Tais-toi.

MOLIÈRE, se croyant toujours seul, et poursuivant sa pensée.

Je te ferai connaître,
Perfide, si mon cœur accepte ton mépris!...
Tout mon amour se change en haine.

MADELEINE, bas, à Gros-René.

J'ai compris.

GROS-RENÉ.

Quoi?

MADELEINE BÉJART.

Paix!

MOLIÈRE, même jeu.

De son portrait oser lui faire hommage!...
L'original, chez elle, a précédé l'image...
Cruel amour! combien tu me rends malheureux!

MADELEINE BÉJART, joyeuse, haut.

Une scène de plus au *Dépit amoureux!*

MOLIÈRE, irrité, se retournant.

Madame, pour le coup, je vous trouve hardie
De croire que je joue ici la comédie!

GROS-RENÉ.

C'est le jaloux parfait : poings fermés, œil en feu.

BÉJART aîné (¹).

Comme c'est naturel et d'accent et de jeu!

MOLIÈRE, à Madeleine Béjart.

Mais, madame...

MADELEINE BÉJART, bas à Gros-René.

Je vais lui donner la réplique.

GROS-RENÉ, riant.

Très bien.

MADELEINE BÉJART, à Molière.

Jusqu'à présent, monsieur, rien ne m'explique...
Que me reprochez-vous?...

MOLIÈRE.

Votre manque de foi,
(Agitant le portrait, mais ne le laissant pas voir à la Béjart.)
Qui seul de ce portrait légitime l'envoi.

MADELEINE BÉJART.

Vous vous mettez pour rien l'esprit à la torture.

MOLIÈRE, même jeu.

Rien!... Ce gage d'amour?...

MADELEINE BÉJART, riant.

De l'amour en peinture!

Et de qui ce portrait?

(¹) Béjart, Mⁱˢ de Brie, Molière, Madeleine, Gros-René, Mˡˡᵉ Duparc.

MOLIÈRE.

Me le demandez-vous?

MADELEINE BÉJART.

Voyons-le...

MOLIÈRE, serrant le portrait dans ses mains.

J'irais, moi, de cet objet si doux
Réjouir vos regards?... La chose serait neuve!
De votre trahison je possède la preuve;
Je la garde.

MADELEINE BÉJART.

Gardez... à votre aise.

MOLIÈRE, palpant le portrait avec colère.

Un ressort!
(Faisant jouer le ressort, et trouvant un billet sous la peinture.
Ce billet!

MADELEINE BÉJART.

Un billet d'amour?

MOLIÈRE.

Ah! c'est trop fort!
(S'éloignant pour lire le billet.)
Le traître! je saurai ce qu'il vous peut écrire.

GROS-RENÉ, à ses camarades.

Sa fureur est comique et fera beaucoup rire.

MOLIÈRE, lisant haut.

« Le plus mourant des cœurs que vos yeux ont blessés! »

MADELEINE BÉJART.

Le madrigal est court.

MOLIÈRE.

Il en dit bien assez.

(Éclatant.)

Madame, qu'avez-vous à répondre ?

MADELEINE BÉJART, cherchant.

Eh ! de grâce,

Attends... La scène est vive et le trait m'embarrasse....

MOLIÈRE, avec un accent de colère railleuse.

Ce billet vous confond... Il trouble vos esprits...

MADELEINE BÉJART, naïvement.

Je n'ai jamais joué que des rôles écrits...

MOLIÈRE, exalté par la colère.

J'enrage... Espérez-vous, par cette ruse étrange,
Madame, à mes soupçons faire prendre le change ?
Ici, comme partout, je trouve sur vos pas
Des grands seigneurs rôdant autour de vos appas.
A moins que d'être un sot, puis-je croire, Madame,
Qu'en honnêtes soupirs se consume leur flamme,
Et qu'ils n'ont d'autre but, vous suivant en tous lieux,
Qu'une innocente cour à faire à vos beaux yeux ?...

(Reculant de plusieurs pas.)

Je n'y tiens plus... Je sors... Je sens que ma colère,
De mon amour, Madame, est la preuve trop claire,
Et la honte me prend d'être lâche à ce point
De vous aimer encor quand vous ne m'aimez point...

(Il sort par le fond.)

MADELEINE BÉJART, applaudissant au moment où sort Molière.

La sortie est sublime et vaut la scène entière !

SCÈNE IX.

LES MÊMES, moins MOLIÈRE.

BÉJART aîné.

Improviser ainsi, c'est fabuleux!

GROS-RENÉ.

Molière

Ira loin.

Mlle DE BRIE.

Quelle verve! Elle prend tous les tons!

MADELEINE BÉJART.

Voyons; sommes-nous prêts?

GROS-RENÉ.

Mais oui.

MADELEINE BÉJART.

Nous répétons
Du *Dépit amoureux* les scènes terminées.
Aux indications, par Molière données,
Conformons-nous.

Béjart, tu fais *Eraste*, toi.
Gros-René, ton surnom te dit ton rôle.

Moi,
Je prépare un prologue, et ce soin me réclame.
(A Mlle Duparc.)
Tu joûras *Marinette* à ma place.

Mlle DUPARC.

Madame...

MADELEINE BÉJART.

Ne sais-tu pas ton rôle?

Mlle DUPARC.

Oui... mais comment saisir?...

MADELEINE BÉJART.

Pour toi, chère Duparc, vouloir, c'est réussir...
Donc, tu fais *Marinette*... Et toi, belle de Brie,
Tu fais *Lucile*.

(A Bejart aîné et à Gros-René.)

Allons, commencez, je vous prie.

(Les dames sortent par la droite ; Béjart aîné remonte avec elles.
— Gros-René met à terre, devant la table, la paille qu'il y avait
placée en entrant ; puis passe à gauche, pose une lettre, la ra-
masse et se retourne vers Béjart, comme si celui-ci entrait.)

· ·

LE DÉPIT AMOUREUX

ACTE IV.

· ·

SCÈNE II.

ÉRASTE, GROS-RENÉ.

GROS-RENÉ (¹).

Ah ! vous voilà, Monsieur ! Vous venez à propos
Pour avoir la réponse.

ERASTE.

Allons, vite, en deux mots,
As-tu trouvé Lucile ? As-tu remis ma lettre ?
Dis, quel succès heureux puis-je enfin me promettre ?

GROS-RENÉ.

Là ! là ! tout doucement... moins de vivacité
Conviendrait un peu mieux à l'amour molesté...
Le vôtre est dans ce cas, Monsieur.

ÉRASTE.

Que veux-tu dire ?

(¹) Il y a fort longtemps que le *Dépit amoureux* ne se joue plus en cinq actes. En 1821, la
Comédie française le fit raccorder en deux actes par M. Valville ; la pièce de Molière n'a
jamais été représentée autrement depuis. — Les huit vers qui commencent cette scène
appartiennent à une soudure faite par M. Valville.

GROS-RENÉ.

M is que vous auriez pu vous dispenser d'écrire,
Car voici votre lettre.

ÉRASTE.

Encore rebuté?

GROS-RENÉ.

Jamais ambassadeur ne fut moins écouté.
A peine ai-je voulu lui porter la nouvelle
Du moment d'entretien que vous souhaitiez d'elle,
Qu'elle m'a répondu, tenant son quant-à-soi,
Va, va, je fais état de lui comme de toi;
Dis-lui qu'il se promène. Et, sur ce beau langage,
Pour suivre son chemin m'a tourné le visage.
Et Marinette aussi, d'un dédaigneux museau,
Lâchant un : Laisse-nous, beau valet de carreau,
M'a planté là comme elle; et mon sort et le vôtre
N'ont rien à se pouvoir reprocher l'un à l'autre.

ÉRASTE.

L'ingrate! recevoir avec tant de fierté
Le prompt retour d'un cœur justement emporté!
Quoi! le premier transport d'un amour qu'on abuse
Sous tant de vraisemblance est indigne d'excuse?
Et ma plus vive ardeur, en ce moment fatal,
Devait être insensible au bonheur d'un rival?
Tout autre n'eût pas fait même chose en ma place,
Et se fût moins laissé surprendre à tant d'audace?
. . . .
Non, je ne prétends plus demeurer engagé
Pour un cœur où je vois le peu de part que j'ai;
Et, puisque l'on témoigne une froideur extrême
A conserver les gens, je veux faire de même.

GROS-RENÉ.

Et moi de même aussi. Soyons tous deux fâchés,
Et mettons notre amour au rang des vieux péchés.
Il faut apprendre à vivre à ce sexe volage,
Et lui faire sentir que l'on a du courage.

Qui souffre ses mépris les veut bien recevoir.
Si nous avions l'esprit de nous faire valoir,
Les femmes n'auraient pas la parole si haute.
Oh! qu'elles nous sont bien fières par notre faute!
Je veux être pendu si nous ne les verrions
Sauter à notre cou plus que nous ne voudrions,
Sans tous ces vils devoirs dont la plupart des hommes
Les gâtent tous les jours, dans le siècle où nous sommes.

ÉRASTE.

Pour moi, sur toute chose un mépris me surprend;
Et, pour punir le sien par un autre aussi grand,
Je veux mettre en mon cœur une nouvelle flamme.

GROS-RENÉ.

Et moi, je ne veux plus m'embarrasser de femme.
A toutes je renonce, et crois, en bonne foi,
Que vous feriez fort bien de faire comme moi.
Car, voyez-vous, la femme est, comme on dit, mon maître,
Un certain animal difficile à connaître,
Et de qui la nature est fort encline au mal :
Et comme un animal est toujours animal,
Et ne sera jamais qu'animal, quand sa vie
Durerait cent mille ans; aussi, sans repartie,
La femme est toujours femme, et jamais ne sera
Que femme, tant qu'entier le monde durera.
D'où vient qu'un certain Grec dit que sa tête passe
Pour un sable mouvant; car, goûtez bien, de grâce,
Ce raisonnement-ci, lequel est des plus forts;
Ainsi que la tête est comme le chef du corps,
Et que le corps sans chef est pire qu'une bête,
Si le chef n'est pas bien d'accord avec la tête,
Que tout ne soit pas bien réglé par le compas,
Nous voyons arriver de certains embarras;
La partie brutale alors veut prendre empire
Dessus la sensitive, et l'on voit que l'un tire
A dia, l'autre à hurhaut, l'un demande du mou,
L'autre, du dur; enfin tout va sans savoir où;
Pour montrer qu'ici-bas, ainsi qu'on l'interprète,
La tête d'une femme est comme la girouette

Au haut d'une maison, qui tourne au premier vent ;
C'est pourquoi le cousin Aristote, souvent,
La compare à la mer ; d'où vient qu'on dit qu'au monde
On ne peut rien trouver de si mouvant que l'onde.
Or, par comparaison (car la comparaison
Nous fait distinctement comprendre une raison,
Et nous aimons bien mieux, nous autres, gens d'étude,
Une comparaison qu'une similitude) ;
Par comparaison donc, mon maître, s'il vous plaît !...
Comme on voit que la mer, quand l'orage s'accroît,
Vient à se courroucer, le vent souffle avec rage,
Les flots contre les flots font un remue-ménage
Horrible ; et le vaisseau, malgré le nautonnier,
Va tantôt à la cave et tantôt au grenier :
Ainsi quand une femme a sa tête fantasque,
On voit une tempête en forme de bourrasque,
Qui veut compétiter par de certains... propos.
Et lors... un certain vent, qui, par... de certains flots,
De certaine façon... ainsi qu'un banc de sable...
Quand... Les femmes enfin ne valent pas le diable.

ÉRASTE.

C'est fort bien raisonner.

GROS-RENÉ.

   Assez bien, Dieu merci.
Mais je les vois, monsieur, qui passent par ici.
Tenez-vous ferme au moins.

ÉRASTE.

   Ne te mets pas en peine.

GROS-RENÉ.

J'ai bien peur que ses yeux resserrent votre chaîne.

SCÈNE III.

LUCILE, ÉRASTE, MARINETTE, GROS-RENÉ.

MARINETTE, à Lucile.

Je l'aperçois encor ; mais ne vous rendez point.

.LUCILE.

Ne me soupçonnez pas d'être faible à ce point.

MARINETTE.

Il vient à nous.

ÉRASTE.

     Non, non, ne croyez pas, madame,
Que je revienne encor vous parler de ma flamme.
C'en est fait; je me veux guérir, et connais bien
Ce que de votre cœur a possédé le mien.
Un courroux si constant pour l'ombre d'une offense
M'a trop bien éclairé de votre indifférence.
. . . .
C'est la dernière ici des importunités
Que vous aurez jamais de mes vœux rebutés.

LUCILE.

Vous pouvez faire aux miens la grâce toute entière,
Monsieur, et m'épargner encor cette dernière.

ÉRASTE.

Hé bien! madame, hé bien! ils seront satisfaits.
Je romps avecque vous et j'y romps pour jamais,
Puisque vous le voulez. Que je perde la vie
Lorsque de vous parler je reprendrai l'envie!

LUCILE.

Tant mieux, c'est m'obliger.

ÉRASTE.

     Non, non, n'ayez pas peur
Que je fausse parole; eussé-je un faible encor
Jusques à n'en pouvoir effacer votre image,
Croyez que vous n'aurez jamais cet avantage
De me voir revenir.

LUCILE.

     Ce serait bien en vain.

ÉRASTE.

Moi-même de cent coups je percerais mon sein
Si j'avais jamais fait cette bassesse insigne
De vous revoir après ce traitement indigne.

LUCILE.

Soit; n'en parlons donc plus.

ÉRASTE.

Oui, oui, n'en parlons plus;
Et, pour trancher ici tous propos superflus,
Et vous donner, ingrate, une preuve certaine
Que je veux, sans retour, sortir de votre chaîne,
Je ne veux rien garder qui puisse retracer
Ce que de mon esprit il me faut effacer.
Voici votre portrait; il présente à la vue
Cent charmes merveilleux dont vous êtes pourvue;
Mais il cache sous eux cent défauts aussi grands,
Et c'est un imposteur enfin que je vous rends.

GROS-RENÉ.

Bon.

LUCILE.

Et moi pour vous suivre au dessein de tout rendre,
Voilà le diamant que vous m'avez fait prendre.

MARINETTE.

Fort bien.

ÉRASTE.

Il est à vous encor ce bracelet.

LUCILE.

Et cette agate à vous, qu'on fit mettre en cachet.

ÉRASTE lit.

« Vous m'aimez d'un amour extrême,
» Éraste, et de mon cœur voulez être éclairci;
» Si je n'aime Éraste de même,
» Au moins aimé-je fort qu'Éraste m'aime ainsi.
» LUCILE. »
Vous m'assuriez par là d'agréer mon service.
C'est une fausseté digne de ce supplice.

(Il déchire la lettre.)

LUCILE lit.

« J'ignore le destin de mon amour ardente,
        » Et jusqu'à quand je souffrirai ;
» Mais je sais, ô beauté charmante !
        » Que toujours je vous aimerai.

                        « ÉRASTE. »

Voilà qui m'assurait à jamais de vos feux ;
Et la main et la lettre ont menti toutes deux.

                            (Elle déchire la lettre.)

GROS-RENÉ, à Éraste.

Poussez.

ÉRASTE, déchirant une autre lettre.

Elle est de vous. Suffit, même fortune.

MARINETTE, à Lucile.

Ferme.

LUCILE, déchirant une autre lettre.

J'aurais regret d'en épargner aucune.

GROS-RENÉ, à Éraste.

N'ayez pas le dernier.

MARINETTE, à Lucile.

Tenez bon jusqu'au bout.

LUCILE, après avoir déchiré plusieurs lettres.

Enfin, voilà le reste.

ÉRASTE, de même.

Et grâce au ciel, c'est tout
Je sois exterminé, si je ne tiens parole !

LUCILE.

Me confonde le ciel si la mienne est frivole ?

ÉRASTE.

Adieu donc.

LUCILE.

Adieu donc.

MARINETTE, à Lucile.

Voilà qui va des mieux.

GROS-RENÉ, à Éraste.

Vous triomphez.

MARINETTE, à Lucile.

Allons, ôtez-vous de ses yeux.

GROS-RENÉ, à Éraste.

Relevez-vous après cet effort de courage.

MARINETTE, à Lucile.

Qu'attendez-vous encor?

GROS-RENÉ, à Éraste.

Que faut-il davantage?

ÉRASTE.

Ah! Lucile, Lucile, un cœur comme le mien
Se fera regretter, et je le sais fort bien.

LUCILE.

Éraste, Éraste, un cœur fait comme est fait le vôtre
Se peut facilement réparer par un autre.
. . . .
Non, votre cœur, Éraste, était mal enflammé.

ÉRASTE.

Non, Lucile, jamais vous ne m'avez aimé.

LUCILE.

Hé! je crois que cela faiblement vous soucie.
Peut-être en serait-il beaucoup mieux pour ma vie,
Si je... Mais laissons là ces discours superflus;
Je ne dis point quels sont mes pensers là-dessus.

ÉRASTE.

Pourquoi?

LUCILE.

Par la raison que nous rompons ensemble,
Et que cela n'est plus de saison, ce me semble.

ÉRASTE.

Nous rompons?

LUCILE.

Oui, vraiment. Quoi! n'en est-ce pas fait?

ÉRASTE.

Et vous voyez cela d'un esprit satisfait?

LUCILE.

Comme vous.

ÉRASTE.

Comme moi?

LUCILE (¹).

Sans doute. C'est faiblesse
De faire voir aux gens que leur perte nous blesse.

ÉRASTE.

Mais, cruelle! c'est vous qui l'avez bien voulu.

LUCILE.

Moi? point du tout; c'est vous qui l'avez résolu.

ÉRASTE.

Moi? je vous ai cru là faire un plaisir extrême.

LUCILE.

Point, vous avez voulu vous contenter vous-même.

ÉRASTE.

Mais si mon cœur encor revoulait sa prison?
Si, tout fâché qu'il est, il demandait pardon?

LUCILE.

Non, non, n'en faites rien; ma faiblesse est trop grande;
J'aurais peur d'accorder trop tôt votre demande.

ÉRASTE.

Ah! vous ne pouvez pas trop tôt me l'accorder,
Ni moi, sur cette peur, trop tôt le demander.
Consentez-y, madame, une flamme si belle
Doit, pour votre intérêt, demeurer immortelle.
Je le demande enfin, me l'accorderez-vous
Ce pardon obligeant?

LUCILE.

Ramenez-moi chez nous.

(¹) **Entrent le Duc, Du Haumont et Beauroche.** — Ils se tiennent au fond et écoutent.

SCÈNE IV.

MARINETTE, GROS-RENÉ.

MARINETTE.

Oh! la lâche personne!

GROS-RENÉ.

Ah! le faible courage!

MARINETTE.

J'en rougis de dépit.

GROS-RENÉ.

J'en suis gonflé de rage.
Ne t'imagine pas que je me rende ainsi.

MARINETTE.

Et ne pense pas, toi, trouver ta dupe aussi.

GROS-RENÉ.

Viens, viens frotter ton nez auprès de ma colère.

MARINETTE.

Tu nous prends pour une autre, et tu n'as pas affaire
A ma sotte maîtresse. Ardez le beau museau,
Pour nous donner envie encore de sa peau!
Moi, j'aurai de l'amour pour ta chienne de face?
Moi, je te chercherais? Ma foi! l'on t'en fricasse
Des filles comme nous.

GROS-RENÉ.

Oui, tu le prends par là?
Tiens, tiens, sans y chercher tant de façon, voilà
Ton beau galant de neige, avec ta nonpareille;
Il n'aura plus l'honneur d'être sur mon oreille.

MARINETTE.

Et toi, pour te montrer que tu m'es à mépris,
Voilà ton demi-cent d'épingles de Paris,
Que tu me donnas hier avec tant de fanfare.

GROS-RENÉ.

Tiens encor ton couteau. La pièce est riche et rare ;
Il te coûta six blancs, lorsque tu m'en fis don.

MARINETTE.

Tiens, tes ciseaux avec leur chaîne de laiton.

GROS-RENÉ.

J'oubliais d'avant-hier ton morceau de fromage,
Tiens. Je voudrais pouvoir rejeter le potage
Que tu me fis manger, pour n'avoir rien à toi.

MARINETTE.

Je n'ai point maintenant de tes lettres sur moi ;
Mais j'en ferai du feu jusques à la dernière.

GROS-RENÉ.

Et des tiennes tu sais ce que j'en saurai faire.

MARINETTE.

Prends garde à ne venir jamais me reprier.

GROS-RENÉ.

Pour couper tout chemin à nous rapatrier,
Il faut rompre la paille. Une paille rompue
Rend, entre gens d'honneur, une affaire conclue.
Ne fais point les doux yeux ; je veux être fâché.

MARINETTE.

Ne me lorgne point, toi ; j'ai l'esprit trop touché.

GROS-RENÉ.

Romps ; voilà le moyen de ne s'en plus dédire.
Romps. Tu ris, bonne bête !

MARINETTE.

                    Oui, car tu me fais rire.

GROS-RENÉ.

Peste soit de ton ris ! Voilà tout mon courroux

Déjà dulcifié. Qu'en dis-tu? Rompons-nous
Ou ne rompons-nous pas?

MARINETTE.

Vois.

GROS-RENÉ.

Vois, toi.

MARINETTE.

Vois, toi-même.

GROS-RENÉ.

Est-ce que tu consens que jamais je ne t'aime?

MARINETTE.

Moi? ce que tu voudras.

GROS-RENÉ.

Ce que tu voudras, toi.

Dis.

MARINETTE.

Je ne dirai rien.

GROS-RENÉ.

Ni moi non plus.

MARINETTE.

Ni moi.

GROS-RENÉ.

Ma foi, nous ferions mieux de quitter la grimace.
Touche, je te pardonne.

MARINETTE.

Et moi, je te fais grâce.

GROS-RENÉ.

Mon Dieu! qu'à tes appas je suis acoquiné!

MARINETTE.

Que Marinette est sotte après son Gros-René!

. . . .

(Le duc congédie du geste Du Haumont et Beauroche. — Madeleine
Béjart, qui est entrée, sans être vue du duc, depuis le milieu de
cette scène, se place entre Gros-René et Marinette.)

SCÈNE X.

LE DUC D'ÉPERNON, Mlle DUPARC, MADELEINE BÉJART, GROS-RENÉ.

MADELEINE BÉJART, à Mlle Duparc.

Bravo ! Jeu naturel et vive répartie...
De mes rôles tu peux jouer une partie...
Garde celui-ci... mais, Duparc, écoute bien :
La passion chez nous ne gâte jamais rien,
Et pour être soubrette on n'en est pas moins femme.
Jette, avec tout l'élan d'une amoureuse flamme,
Ce vers, qui sort d'un cœur ayant tout pardonné :
(Avec passion.)
« Que Marinette est sotte après son Gros-René ! »
(A Gros-René.)
A toi, dont le comique est fait de double étoffe,
Et qui, sous le valet, caches le philosophe,
Même observation : Sois plus passionné !
(Avec une très amoureuse expression.)
« Mon Dieu ! qu'à tes appas je suis acoquiné ! »
Tu m'excuses ?

GROS-RENÉ.

Comment !... mais je te remercie.

Mlle DUPARC.

Un bon conseil toujours hautement s'apprécie.

GROS-RENÉ.

Quand c'est par la Béjart surtout qu'il est donné.
(Au moment où Madeleine Béjart remonte la scène avec Gros-René et Mlle Duparc, le duc
se montre. — Il retient la Béjart. — Gros-René et Mlle Duparc saluent et sortent.)

SCÈNE XI.

LE DUC, MADELEINE BÉJART.

LE DUC.

« Mon Dieu! qu'à tes appas je suis acoquiné! »
Ah! Grésinde! jamais je n'ai vu ta pareille!

MADELEINE BÉJART.

Monseigneur m'écoutait?

LE DUC.

Et j'étais tout oreille...
Tu me vois enchanté, ravi...

MADELEINE BÉJART.

Quoi! pour si peu...
Deux vers!

LE DUC.

Un vers bien dit en vaut mille... Quel feu!
Et comme d'un seul trait Grésinde se révèle!
Mais nous charmer, pour toi, n'est pas chose nouvelle...
Que nous t'applaudissions à Paris!

MADELEINE BÉJART.

Monseigneur!...

LE DUC, donnant une bague à la Béjart.

Prends cette bague.

MADELEINE BÉJART.

Encor?... c'est vraiment trop d'honneur...

LE DUC.

Tu songes au portrait que t'a remis mon page?
L'amour, qui se souvient, te devait mon image.

MADELEINE BÉJART, à part.

Son portrait?... c'est cela... Molière l'a reçu...
Sa colère était vraie... Ah! si je l'avais su!...
(Haut, minaudant.)
Pourquoi votre portrait?

LE DUC.

Je t'aime et je t'admire...
Dès longtemps.

MADELEINE BÉJART.

Et Molière?

LE DUC.

Eh bien! qu'a-t-il à dire?
Ton Molière est jaloux... Mais Molière est plaisant;
Lui, jaloux du passé... Le suis-je du présent?...
L'amour est un plaisir, et, comme a dit un sage,
Le plaisir a voulu qu'on le prît au passage.
Garde tes jolis yeux, Grésinde, et les amours,
Heureux de s'y brûler, y reviendront toujours.
(A part)
Femme fidèle ou non, bien sot qui s'en tourmente.
(Haut.)
Dis-moi quel est l'auteur de la scène charmante
Que l'on vient de jouer?

MADELEINE BÉJART, avec orgueil.

Molière.

LE DUC, surpris.

Il se pourrait!
Mais cet esprit gaulois, prompt à lancer le trait,
Ce comique bon sens, cette fine ironie,
Cette étude du cœur...
(Avec exaltation.)
Molière a du génie!

MADELEINE BÉJART.

Je le sais bien.

LE DUC.

Et moi, qui n'espérais en lui
Qu'un de ces gros bouffons à la mode aujourd'hui,
Courant après l'esprit, l'équivoque à la bouche,
Tels que Gauthier-Garguille ou le vieux Scaramouche!
J'ai bien plus et bien mieux que cela, par ma foi!
J'ai Molière... Avec lui Plaute est entré chez moi!

MADELEINE BÉJART.

Vous lui rendez justice, et vous m'en voyez fière.

LE DUC.

Si mon enthousiasme a pris feu pour Molière,
De sa verve comique ardent admirateur,
Je ne sépare pas l'actrice de l'auteur;
En le louant, c'est toi, Grésinde, que je loue,
Et je veux embrasser Molière... sur ta joue.

MADELEINE BÉJART, se reculant, avec dignité.

Eh bien! monsieur le Duc!...

LE DUC, modeste.

J'osais trop... franchement...
L'orgueil vous sied fort bien... Molière est votre amant!

(Madeleine Béjart, saluant, et sortant par la droite,
en même temps que Valadon entre par le fond.)

SCÈNE XII.

LE DUC, VALADON.

VALADON.

Monseigneur...

LE DUC.

Qu'est-ce donc?

VALADON.

Le Parlement...

LE DUC.

Au diable!

VALADON.

Et la Jurade...

LE DUC.

Encore!... Elle est impitoyable.

VALADON.

Ils portent la parole au nom du peuple...

LE DUC.

Et moi,
Je vais à ces braillards répondre au nom du Roi...
Qu'ils attendent en bas.
(Rappelant Valadon, qui va sortir.)
Hé! dis-moi, je te prie,
Le théâtre est-il prêt?... C'est dans la galerie
Qu'on a dû le monter.

VALADON, du fond.

Il est prêt.

LE DUC.

Je te suis.
(A lui-même.)
Plus grands sont les honneurs, plus grands sont les ennuis!

FIN DU PREMIER ACTE.

4

ACTE DEUXIÈME.

Même décor.

SCÈNE I.

BRIVE, seul, entrant par la gauche.

Le Duc vient de sortir... Valadon l'accompagne...
Et dans ce grand logis... tout seul... l'ennui me gagne...
Seul? Je ne le suis point... La Grésinde est ici...
Dans sa chambre... là haut... et la Duparc aussi,
Et l'aimable de Brie... Ah! comme elles sont belles!
Et, pour chasser l'ennui, si je montais chez elles?...
D'y penser seulement je sens battre mon cœur...
Je me risque... je prends un petit air vainqueur...
La plume sur l'oreille... et la hanche accusée...
Le pourpoint en désordre... et la démarche aisée...
Voilà!... D'un vrai muguet j'ai l'allure et le ton...
Il ne me manque rien... que la barbe au menton...
Pas le moindre duvet!... Après tout, j'ose croire
Que la barbe à l'amour n'est pas obligatoire...
Ce n'est pas le menton qui fait l'homme... on le sait.
        (Remontant la scène.)
Volons chez la Grésinde...
                    (Revenant sur ses pas).
                        Eh! voyez ce que c'est?
Moi, qui ne tremble pas lorsque brille une lame,
J'ai peur de me trouver seul devant une femme...
Devant trois femmes... Ah! je reste... Parbleu, non!
J'ai quinze ans, j'appartiens au sire d'Épernon,
Je suis page... et de moi l'on rirait bien, je pense...
    (Se dirigeant vers le fond, à droite.)
Que Cupido me soit en aide... Je me lance!
                    (Ouvrant la porte et regardant au dehors.)
On vient... un des acteurs... Grésinde est à son bras...

C'est lui qui, ce matin (je ne me trompe pas),
A reçu le portrait... J'entends qu'elle le nomme
Molière... Ah! qu'ai-je fait?... Il sait tout, le pauvre homme!
Mais de philosophie il doit être pourvu...
Et puis qui croit jamais être...
(S'esquivant par le fond.)
Il ne m'a pas vu...
(Entrent Molière et Madeleine Béjart, par la droite.)

SCÈNE II.

MOLIÈRE, MADELEINE BÉJART.

MADELEINE BÉJART, au bras de Molière.

Quoi! tu ne voulais pas feindre la jalousie?

MOLIÈRE.

Mais non.

MADELEINE BÉJART.

D'un vrai soupçon ton âme était saisie?

MOLIÈRE.

Ce portrait...

MADELEINE BÉJART, en le faisant asseoir devant la table.

Grand enfant!

MOLIÈRE.

Ce billet doux...

MADELEINE BÉJART.
Encor!
(Riant.)
Le Duc sème l'amour autant qu'il sème l'or.
En portraits, en cadeaux, en soupirs il abonde;
Il en a pour la brune, il en a pour la blonde;
Mais un galant aussi prodigue de ses feux
Ne saurait jamais être un rival dangereux.
(Sévèrement.)
Allons, mon Poquelin, ne songe qu'à ta gloire;
Je t'aime et pourvu que...

MOLIÈRE.

Eh bien! oui, je veux croire
A ton amour... J'en ai besoin pour être heureux.

(Madeleine Béjart embrasse Molière au front.)

MADELEINE BÉJART.

Achève maintenant le *Dépit amoureux*.

(Elle sort par la droite.)

SCÈNE III.

MOLIÈRE, seul.

Elle fait mon tourment... et cependant je l'aime.
Mon cœur maudit les fers qu'il se forge lui même.
Tout est contraste en moi... l'humeur, la volonté...
Je voudrais fuir la voie où le sort m'a jeté,
Où ma vie en secret dans les larmes s'écoule...
Et je sens le besoin du bruit et de la foule !
Il me faut le théâtre et son rire moqueur,
Pour y verser, le soir, le trop plein de mon cœur...
A travers le chagrin, la fièvre, l'insomnie,
Je marche où malgré moi me pousse mon génie...
Si l'inspiration est un présent du ciel,
Ah! pour qui la reçoit c'est un présent cruel!...

(Il s'appuie à la table, et rêve. — L'orchestre accompagne en sourdine.)

Dans le sombre avenir, dont le rideau s'entrouvre,
Le lointain de ma vie à mes yeux se découvre...
L'envie et le mensonge, acharnés après moi,
Me font payer bien cher l'amitié d'un grand roi...
Chaque vers où le vice est fouetté par ma plume,
Me crée un ennemi dont la rage s'allume...
La calomnie, ardente à souiller ma maison,
Répand sur mes amours son plus âcre poison,
Et, jusques au saint lieu, poursuivant sa victime,

Dans mon titre d'époux elle dénonce un crime...
(Se levant.)
Plus s'accroît mon succès... plus mon laurier grandit...
Plus l'histrion se change en mécréant maudit...
Pourtant, je rends hommage aux vérités sacrées;
Oui... mais j'ai bafoué les vaines simagrées...
Je suis un scélérat! des cordes! des fagots!
C'est faire injure à Dieu que rire des bigots!...
(Une pause.)
Eh! que vois-je? Un cercueil... c'est le mien... Quelques cierges
L'escortent... Il est nuit... Deux charitables vierges
Précèdent, en pleurant, le funèbre convoi...
La cabale se tait devant l'ordre du Roi...
Le sol bénit reçoit ma dépouille mortelle...
Ah! du moins ma mémoire en paix dormira-t-elle!...
Non!... L'astre de Louis pâlit à son déclin;
Le soleil qui longtemps protégea Poquelin,
Se couche dans un ciel noirci par la tempête...
Déjà l'hypocrisie a relevé la tête...
Et, deux siècles plus tard, je l'aperçois encor
De ma muse voulant ternir les ailes d'or...
Mais l'épreuve du temps s'est faite... et je vous brave,
Imposteurs!... Sur ma tombe épuisez votre bave...
Pour honorer mes vers, pour les sauver du feu,
J'aurai la voix du peuple... et c'est la voix de Dieu!
(Une pause.)
Comme le front me bat... J'ai la cervelle pleine
De folles visions...
(Il s'assied à gauche.)
Où donc est Madeleine?...
Avec le Duc, peut-être!... Ah! je vois que toujours,
Poquelin, tu seras dupe de tes amours!...
(Entrent au fond Gros-René et Oronte. — Gros-René désigne du doigt Molière à Oronte.)
Gros-René... Celui-là, petit esprit, bonne âme,
Voit la vertu partout... et même chez sa femme...
Heureux homme!...
(Molière se lève en voyant Oronte se diriger vers lui.)

SCÈNE IV.

MOLIÈRE, ORONTE, GROS-RENÉ.

ORONTE, avec une politesse affectée.

Un voyage, inspiré par l'amour,
M'a, depuis quelques mois, éloigné de la cour.
J'y retourne. Bordeaux s'est trouvé sur ma route;
Je m'y suis arrêté... Mais, comme je redoute
Les ennuyeux honneurs que m'attire mon rang,
Je m'abrite d'un nom, à tous indifférent :
Oronte... c'est ainsi que pour vous je me nomme.

GROS-RENÉ, à part.

Pareille modestie est d'un vertueux homme.

ORONTE, à Molière.

Tout le monde à Bordeaux parle de vous; aussi
Ai-je su promptement que vous étiez ici...

. . . .

LE MISANTHROPE

ACTE I.

SCÈNE II.

. . . .

J'ai monté pour vous dire, et d'un cœur véritable,
Que j'ai conçu pour vous une estime incroyable,
Et que, depuis longtemps, cette estime m'a mis
Dans un ardent désir d'être de vos amis.
Oui, mon cœur au mérite aime à rendre justice,
Et je brûle qu'un nœud d'amitié nous unisse.

Je crois qu'un ami chaud et de ma qualité
N'est pas assurément pour être rebuté.

> (Pendant le discours d'Oronte, Alceste est rêveur et ne
> semble pas entendre que c'est à lui qu'on parle. Il ne
> sort de sa rêverie que quand Oronte lui dit :

C'est à vous, s'il vous plaît, que ce discours s'adresse.

(1) MOLIÈRE-*ALCESTE*.

A moi, monsieur?

ORONTE.

A vous. Trouvez-vous qu'il vous blesse?

MOLIÈRE-*ALCESTE*.

Non pas. Mais la surprise est fort grande pour moi,
Et je n'attendais.pas l'honneur que je recoi.

ORONTE.

L'estime où je vous tiens ne doit pas vous surprendre,
Et de tout l'univers vous la pouvez prétendre.

MOLIÈRE-*ALCESTE*.

Monsieur...

ORONTE.

L'État n'a rien qui ne soit au-dessous
Du mérite éclatant que l'on découvre en vous.

MOLIÈRE-*ALCESTE*.

Monsieur...

ORONTE.

Oui, de ma part, je vous tiens préférable
A tout ce que j'y vois de plus considérable.

MOLIÈRE-*ALCESTE*.

Monsieur...

ORONTE.

Sois-je du ciel écrasé, si je ments;
Et, pour vous confirmer ici mes sentiments,
Souffrez qu'à cœur ouvert, monsieur, je vous embrasse,
Et qu'en votre amitié je vous demande place.
Touchez là, s'il vous plaît. Vous me la promettez,
Votre amitié?

MOLIÈRE-*ALCESTE*.

Monsieur...

ORONTE.

Quoi! vous y résistez?

(1) **Tout le monde sait que Molière s'est peint lui-même dans le caractère d'Alceste.**

MOLIÈRE-*ALCESTE*.

Monsieur, c'est trop d'honneur que vous voulez me faire;
Mais l'amitié demande un peu plus de mystère;
Et c'est assurément en profaner le nom
Que de vouloir la mettre à toute occasion.
Avec lumière et choix cette union veut naître;
Avant que nous lier, il faut nous mieux connaître;
Et nous pourrions avoir telles complexions,
Que tous deux du marché nous nous repentirions.

ORONTE.

Parbleu! c'est là-dessus parler en homme sage,
Et je vous en estime encore davantage:
Souffrons donc que le temps forme des nœuds si doux;
Mais cependant je m'offre entièrement à vous.
S'il faut faire à la cour pour vous quelque ouverture,
(¹) *Je fais près du ministre assez bonne* figure;
Il m'écoute, et dans tout il en use, ma foi,
Le plus honnêtement du monde avecque moi.
Enfin, je suis à vous de toutes les manières,
Et, comme votre esprit a de grandes lumières,
Je viens, pour commencer entre nous ce beau nœud,
Vous montrer un sonnet que j'ai fait depuis peu,
Et savoir s'il est bon qu'au public je l'expose.

MOLIÈRE-*ALCESTE*.

Monsieur, je suis malpropre à décider la chose,
Veuillez m'en dispenser.

ORONTE.

        Pourquoi?

MOLIÈRE-*ALCESTE*.

                J'ai le défaut
D'être un peu plus sincère en cela qu'il ne faut.

ORONTE.

C'est ce que je demande, et j'aurais lieu de plainte

(¹) A l'époque où je fais venir Oronte à Bordeaux, Louis XIV n'avait que dix ans, et le cardinal Mazarin disposait à son gré des emplois et des faveurs. C'est pourquoi, voulant donner plus de vraisemblance à cette scène, j'ai osé me permettre une variante au vers du Misanthrope : « On sait qu'auprès du roi je fais quelque figure. » — Que Molière me pardonne!

Si, m'exposant à vous, pour me parler sans feinte,
Vous alliez me trahir et me déguiser rien.

MOLIÈRE-*ALCESTE*.

Puisqu'il vous plaît ainsi, monsieur, je le veux bien.

ORONTE.

Sonnet... c'est un sonnet... *L'espoir*... c'est une dame
Qui de quelque espérance avait flatté ma flamme.
L'espoir... Ce ne sont point de ces grands vers pompeux,
Mais de petits vers doux, tendres et langoureux.

MOLIÈRE-*ALCESTE*.

Nous verrons bien.

ORONTE.

L'espoir... Je ne sais si le style
Pourra vous en paraître assez net et facile,
Et si du choix des mots vous vous contenterez.

MOLIÈRE-*ALCESTE*.

Nous allons voir, monsieur.

ORONTE.

Au reste, vous saurez
Que je n'ai demeuré qu'un quart d'heure à le faire.

MOLIÈRE-*ALCESTE*.

Voyons, monsieur; le temps ne fait rien à l'affaire.

ORONTE lit.

L'espoir, il est vrai, nous soulage
Et nous berce un temps notre ennui;
Mais, Philis, le triste avantage
Lorsque rien ne marche après lui!

(1) GROS-RENÉ — *PHILINTE*, à la droite de Molière-*Alceste*.

Je suis déjà charmé de ce petit morceau.

MOLIÈRE-*ALCESTE*, bas à Philinte.

Quoi! vous avez le front de trouver cela beau!

______

(1) J'ai été forcé, pour les besoins de la réplique, de substituer le personnage de *Gros-René* à celui de *Philinte*. — Mais ce changement, j'ose le croire, ne saurait altérer la portée philosophique d'une scène si justement admirée. — Duparc, dit *Gros-René*, était un excellent homme, et nul ne se rapproche plus que lui, par le cœur et le caractère, du bon Chapelle, ce complaisant patron sur lequel Molière a taillé le rôle de *Philinte*.

ORONTE.

Vous eûtes de la complaisance ;
Mais vous en deviez moins avoir,
Et ne vous pas mettre en dépense
Pour ne me donner que l'espoir.

GROS-RENÉ — *PHILINTE.*

Ah ! qu'en termes galants ces choses-là sont mises !

MOLIÈRE-*ALCESTE*, bas à Philinte.

Morbleu ! vil complaisant, vous louez ces sottises ?

ORONTE.

S'il faut qu'une attente éternelle
Pousse à bout l'ardeur de mon zèle,
Le trépas sera mon recours.

Vos soins ne m'en peuvent distraire ;
Belle Philis, on désespère
Alors qu'on espère toujours.

GROS-RENÉ — *PHILINTE.*

La chute en est jolie, amoureuse, admirable.

MOLIÈRE-*ALCESTE*, bas, à part.

La peste de ta chute, empoisonneur au diable !
En eusses-tu fait une à te casser le nez !

GROS-RENÉ — *PHILINTE.*

Je n'ai jamais ouï de vers si bien tournés.

MOLIÈRE-*ALCESTE*, bas, à part.

Morbleu !

ORONTE, à Philinte.

Vous me flattez, et vous croyez peut-être...

GROS-RENÉ — *PHILINTE.*

Non, je ne flatte point.

MOLIÈRE-*ALCESTE*, bas, à part.

Hé ! que fais-tu donc, traître ?

ORONTE, à Alceste.

Mais, pour vous, vous savez quel est notre traité.
Parlez-moi, je vous prie, avec sincérité.

MOLIÈRE-*ALCESTE*.

Monsieur, cette matière est toujours délicate,
Et sur le bel esprit nous aimons qu'on nous flatte.
Mais un jour, à quelqu'un dont je tairai le nom,
Je disais, en voyant des vers de sa façon,
Qu'il faut qu'un galant homme ait toujours grand empire
Sur les démangeaisons qui nous prennent d'écrire ;
Qu'il doit tenir la bride aux grands emportements
Qu'on a de faire éclat de tels amusements ;
Et que, par la chaleur de montrer ses ouvrages,
On s'expose à jouer de mauvais personnages.

ORONTE.

Est-ce que vous voulez me déclarer par là
Que j'ai tort de vouloir...

MOLIÈRE-*ALCESTE*.

                    Je ne dis pas cela.
Mais je lui disais, moi, qu'un froid écrit assomme,
Qu'il ne faut que ce faible à décrier un homme,
Et qu'eût-on d'autre part cent belles qualités,
On regarde les gens par leurs méchants côtés.

ORONTE.

Est-ce qu'à mon sonnet vous trouvez à redire ?

MOLIÈRE-*ALCESTE*.

Je ne dis pas cela ; mais, pour ne point écrire,
Je lui mettais aux yeux comme, de notre temps,
Cette soif a gâté de fort honnêtes gens.

ORONTE.

Est-ce que j'écris mal, et leur ressemblerais-je ?

MOLIÈRE-*ALCESTE*.

Je ne dis pas cela. Mais, enfin, lui disais-je,
Quel besoin si pressant avez-vous de rimer ?
Et qui diantre vous pousse à vous faire imprimer ?
Si l'on peut pardonner l'essor d'un mauvais livre,
Ce n'est qu'aux malheureux qui composent pour vivre,
Croyez-moi, résistez à vos tentations,
Dérobez au public ces occupations,

Et n'allez point quitter, de quoi que l'on vous somme,
Le nom que dans la cour vous avez d'honnête homme,
Pour prendre de la main d'un avide imprimeur,
Celui de ridicule et misérable auteur...
C'est ce que je tâchais de lui faire comprendre.

ORONTE.

Voilà qui va fort bien et je crois vous entendre.
Mais ne puis-je savoir ce que dans mon sonnet...

MOLIÈRE-*ALCESTE*.

Franchement, il est bon à mettre au cabinet.
Vous vous êtes réglé sur de méchants modèles,
Et vos expressions ne sont point naturelles...
    Qu'est-ce que : *Nous berce un temps notre ennui.*
        Et que : *Rien ne marche après lui?*
          Que : *Ne vous pas mettre en dépense*
            Pour ne me donner que l'espoir?
        Et que : *Philis, on désespère*
           Alors qu'on espère toujours?
Ce style figuré, dont on fait vanité,
Sort du bon caractère et de la vérité.
Ce n'est que jeu de mots, qu'affectation pure,
Et ce n'est point ainsi que parle la nature.
Le méchant goût du siècle en cela me fait peur ;
Nos pères, tout grossiers, l'avaient beaucoup meilleur,
Et je prise bien moins tout ce que l'on admire,
Qu'une vieille chanson que je m'en vais vous dire :
        Si le Roi m'avait donné
          Paris, sa grand'ville,
        Et qu'il m'eût fallu quitter
          L'amour de ma mie,
        Je dirais au roi Henri,
        Reprenez votre Paris ;
        J'aime mieux ma mie, ô gué !
        J'aime mieux ma mie.
La rime n'est pas riche et le style en est vieux :
Mais ne voyez-vous pas que cela vaut bien mieux
Que ces colifichets dont le bon sens murmure,
Et que la passion parle là toute pure?

Si le Roi m'avait donné
      Paris, sa grand'ville,
Et qu'il m'eût fallu quitter
      L'amour de ma mie,
Je dirais au roi Henri,
Reprenez votre Paris,
J'aime mieux ma mie, ô gué !
      J'aime mieux ma mie.
Voilà ce que peut dire un cœur vraiment épris.
      (A Philinte, qui rit.)
Oui, monsieur le rieur, malgré vos beaux esprits,
J'estime plus cela que la pompe fleurie
De tous ces faux brillants où chacun se récrie.

ORONTE.

Et moi, je vous soutiens que mes vers sont fort bons.

MOLIÈRE-*ALCESTE*.

Pour les trouver ainsi vous avez vos raisons ;
Mais vous trouverez bon que j'en pense avoir d'autres
Qui se dispenseront de se soumettre aux vôtres.

ORONTE.

Il me suffit de voir que d'autres en font cas.

MOLIÈRE-*ALCESTE*.

C'est qu'ils ont l'art de feindre, et moi, je ne l'ai pas.

ORONTE.

Croyez-vous donc avoir tant d'esprit en partage ?

MOLIÈRE-*ALCESTE*.

Si je louais vos vers, j'en aurais davantage.

ORONTE.

Je me passerai bien que vous les approuviez.

MOLIÈRE-*ALCESTE*.

Il faut bien, s'il vous plaît, que vous vous en passiez.

ORONTE.

Je voudrais bien, pour voir, que de votre manière
Vous en composassiez sur la même matière.

MOLIÈRE-*ALCESTE*.

J'en pourrais, par malheur, faire d'aussi méchants ;
Mais je me garderais de les montrer aux gens.

ORONTE

Vous me parlez bien ferme, et cette suffisance...

MOLIÈRE-*ALCESTE*.

Autre part que chez moi, cherchez qui vous encense.

ORONTE.

Mais, mon petit monsieur, prenez-le un peu moins haut.

MOLIÈRE-*ALCESTE*

Ma foi, mon grand monsieur, je le prends comme il faut.

GROS-RENÉ — *PHILINTE*, se mettant entre eux.

Hé, messieurs, c'en est trop. Laissez cela, de grâce.

ORONTE.

Ah! j'ai tort, je l'avoue, et je quitte la place.
Je suis votre valet, monsieur, de tout mon cœur.

MOLIÈRE-*ALCESTE*.

Et moi, je suis, monsieur, votre humble serviteur.

(Oronte sort.)

. . . .

SCÈNE V.

MOLIÈRE, GROS-RENÉ.

GROS-RENÉ.

Parbleu! tu viens de faire une bien belle chose!

MOLIÈRE.

Avec la vérité jamais je ne compose.

GROS-RENÉ.

Oronte est furieux.

MOLIÈRE.

Et tant pis!

GROS-RENÉ.

Mais il a

Des amis.

MOLIÈRE.

Que m'importe?

GROS-RENÉ.

Un grand seigneur! Cela
N'est pas prudent.

MOLIÈRE.

Ainsi, parce qu'un homme est comte,
Duc ou marquis, il faut ne tenir aucun compte
De sa dignité propre, et donner de l'encens
A cet homme qui rime en dépit du bon sens?
Il faut dans un Cotin que j'admire un Horace?
Il faut que je le loue? Il faut que je l'embrasse?
Il faut... Tu me ferais dire quelque gros mot!

GROS-RENÉ.

Jamais un grand seigneur ne veut paraître sot...
Oronte a du crédit... Oronte peut te faire
Siffler...

MOLIÈRE.

Qu'il siffle donc, s'il veut... La belle affaire!
Siffle-moi, rimailleur, de vanité gonflé...
Tout le monde n'a pas l'honneur d'être sifflé.

(Entre de droite, Madeleine Béjart.)

SCÈNE VI.

MOLIÈRE, GROS-RENÉ, MADELEINE BÉJART.

MADELEINE BÉJART.

Savez-vous qui, de loin, je viens de reconnaître?
Je vous le donne en cent... J'étais à la fenêtre,
Quand je vois, descendant le perron à grands pas,
Un noble personnage... Ah! certe, il n'avait pas
L'air content... il levait le poing...

GROS-RENÉ, à Molière.

C'était Oronte.

MADELEINE BÉJART.

C'était le duc de Saint-Aignan... Oh! je suis prompte
A remettre un visage.

GROS-RENÉ, à Molière.

Eh! c'est bien plus joli!

MOLIÈRE.

Laisse-moi.

GROS-RENÉ.

Rudoyer un seigneur si poli!

MOLIÈRE.

Un fat.

MADELEINE BÉJART.

Que dites-vous? est-ce donc un mystère?

MOLIÈRE.

Ton duc... Car tu connais tous les ducs de la terre...
M'est venu consulter sur un sonnet.

MADELEINE BÉJART.

Eh bien?

MOLIÈRE.

J'ai dit ce qu'il valait.

MADELEINE BÉJART.

Et que valait-il?

MOLIÈRE.

Rien.
(Il remonte vers le fond.)

MADELEINE BÉJART, riant.

Bah!

GROS-RENÉ

Grondez-le.

MADELEINE BÉJART.

Pourquoi?

GROS-RENÉ.

Vous l'approuvez?

MADELEINE BÉJART.

                                        J'approuve
Ce qui bien rarement chez les hommes se trouve :
La sincérité.

GROS-RENÉ.

                    Mais Oronte est de la cour,
Et c'est elle qui fait tous les succès du jour.
La cour de notre sort est l'arbitre suprême.

MADELEINE BÉJART.

Vieux préjugé! L'acteur fait son succès lui-même ;
Et pour juge, il ne doit en reconnaître qu'un :
Le public... qui sait rendre un arrêt opportun.
Je comprends que l'acteur envie une couronne,
          (Au public.)
Mais seulement, messieurs, quand votre main la donne.
              (Entrent du fond, Béjart aîné, et Mlles de Brie et Duparc.)

SCÈNE VII.

GROS-RENÉ, MOLIÈRE, BÉJART aîné, Mlle DE BRIE,
Mlle DUPARC, MADELEINE BÉJART.

BÉJARD aîné.

Mes amis.

Mlle DE BRIE.

    Oh! mon Dieu!

MOLIÈRE, à Mlle de Brie.

                    Pourquoi cette pâleur?

GROS-RENÉ.

Je tremble... de les voir trembler.

MADELEINE BÉJART.

                            Quelque malheur?

BÉJART aîné.

Un grand malheur!

Mlle DUPARC.

    On se bat dans la ville.

GROS-RENÉ.

On se bat!... Sauvons-nous!
(Il fait un mouvement de sortie que Molière arrête.)

Mlle DE BRIE.

C'est la guerre civile.

MOLIÈRE, avec calme.

Nous sommes étrangers...

GROS-RENÉ.

La belle caution!
Le plomb saura-t-il faire une distinction
Entre les Bordelais et...
(Entre Valadon précipitamment.)

SCÈNE VIII.

LES MÊMES, VALADON, puis BRIVE.

VALADON, essoufflé, à Molière.

Monsieur... sortez vite...
C'est le duc d'Épernon qui parle... Il vous invite
A me suivre en lieu sûr... Le spectacle est changé...
Du rôle principal le peuple s'est chargé...
(On entend, au loin, des coups d'arquebuse. Mlles de Brie
et Duparc effrayées passent à gauche; Béjart aîné les
suit comme pour les rassurer.)

GROS-RENÉ, effrayé.

Avez-vous entendu, mes amis?...

VALADON, froidement.

On répète
La pièce.

MOLIÈRE.

Mais le Duc?

VALADON.

Est au Château-Trompette,

Avec force mitraille, et bombes et boulets,
Pour lancer la réplique au peuple bordelais...
Là, le duc d'Épernon vous attend.

MOLIÈRE.

Moi ? je reste.

(Il passe à la table et s'assied. Madeleine l'approuve du geste.)

VALADON.

Mais le peuple est armé... sa colère est funeste...
Le Duc sent le besoin de rire... Dès demain,
De Cadillac il prend avec vous le chemin...
Venez... à Cadillac nous avons un théâtre...

MOLIÈRE.

Ton maître tient à moi ?

VALADON.

Le Duc vous idolâtre ;
Il aimerait mieux voir cent fois Bordeaux en feu,
Que voir de votre front tomber un seul cheveu.

MOLIÈRE, réfléchissant.

Le peuple a faim... le Duc veut rire... Alors la chose
Peut très bien s'arranger.

VALADON.

Nous partons, je suppose ?

GROS-RENÉ, joyeux.

Nous partons ?

MOLIÈRE.

Attendez. Au Duc j'écris un mot.

MADELEINE BÉJART, qui a tourné la scène au-dessus de Molière, redescend à gauche.

Que lui dit-il ?

MOLIÈRE, pliant le billet qu'il a écrit à la hâte, et le présentant à Gros-René,
après lui avoir fait signe de s'approcher.

Tu vas le porter.

GROS-RENÉ, refusant.

Pas si sot !

Je tiens à ma guenille.

BRIVE, qui vient d'entrer inaperçu, prenant vivement la lettre des mains de Molière.

Eh bien! moi, je m'en charge.

(Regardant Molière avec compassion.)

Je lui dois bien cela.

(On entend le bruit du tambour.)

GROS-RENÉ, avec effroi.

Le tambour bat la charge!

VALADON, froidement.

Oui,... l'orchestre prélude au lever du rideau...

(A Molière.)

Vous demeurez?... Adieu... Moi, je cours au Château,
Où je vais, si je peux arriver sans obstacle,
Du haut d'un bastion assister au spectacle.

(Au moment où Valadon veut sortir, suivi de Brive,
entrent plusieurs hommes du peuple, les armes à
la main. Ils barrent le passage à Valadon et à Brive.

SCÈNE IX.

LES MÊMES, HOMMES DU PEUPLE.

PREMIER HOMME DU PEUPLE, à Valadon.

On ne sort pas.

BRIVE, revenant sur ses pas et poussant un ressort qui fait ouvrir un lambris, a droite.

On sort par ce lambris.

(Il disparaît.)

VALADON.

Voilà
Mon spectacle manqué!

DEUXIÈME HOMME DU PEUPLE, montrant Valadon.

Pendons cet homme-là;
C'est un Épernoniste.

TROISIÈME HOMME DU PEUPLE, parlant par la fenêtre.

Apprêtez une corde.

MADELEINE BÉJART, aux hommes du peuple.

Pitié !

PREMIER HOMME DU PEUPLE.

Comme le duc lui-même nous l'accorde !
Pitié !... Mot dérisoire !... Eut-il pitié de nous,
Le duc que la famine implorait à genoux ?
Au peuple que l'on tue il faut justice entière...
(Menaçant Valadon.)
Tu pairas pour ton maître.
(Il retourne au fond vers la droite à ses amis.)

VALADON, à Molière.

Exaucez ma prière ;
Vous qui parlez si bien, soyez mon avocat...
Vous voyez, on discute un point très délicat...

MOLIÈRE, suppliant, aux hommes du peuple.

Messieurs... de la clémence... et daignez me permettre...

DEUXIÈME HOMME DU PEUPLE.

Que veut cet inconnu ?

GROS-RENÉ, consterné, à Molière.

Tu vas nous compromettre.

VALADON, voyant entrer le duc, suivi des jurats, de Beauroche, de Du Haumont et de Brive.

Le duc... La scène change...

GROS-RENÉ, regardant au fond, avec joie, à demi-voix.

Ah !

SCÈNE X.

LES MÊMES, LE DUC, LES JURATS, BEAUROCHE,
DU HAUMONT, puis BRIVE.

DEUXIÈME HOMME DU PEUPLE.

Le duc d'Épernon !...

PREMIER HOMME DU PEUPLE.

Le duc et les jurats... Nous sommes trahis...

JACQUES DE LESTRILLES, premier jurat.

Non.

LE DUC, aux jurats.

Vous voulez, si j'ai bien compris votre supplique,
Que le blé soit vendu sur la place publique?

JACQUES DE LESTRILLES.

Nous voulons que le blé, réclamé par des pleurs,
Sorte, au nom de la loi, des greniers recéleurs,
Afin que (le besoin disant son mot suprême),
Il n'en soit pas tiré par l'émeute elle-même...
Nous...

LE DUC, impatient, interrompant le premier jurat.

Assez!... J'y consens... Mais, morbleu! croyez-bien
Que vos cris d'affamés ne m'émeuvent en rien...
Ne me supposez point une pitié vulgaire;
Vous me haïssez; moi, je ne vous aime guère.
Si je cède, par vous follement menacé,

(Montrant Molière.)

C'est qu'entre vous et moi un homme s'est placé;
C'est que, par ce billet, son bon cœur me vient dire :

(Lisant le billet écrit par Molière.)

« En face du malheur, je ne sus jamais rire;
» Que Bordeaux ait du pain ou je pars à l'instant. »
Moi, le laisser partir, l'homme à qui je tiens tant!...
Non... Messieurs les jurats, que tout grenier se vide!
Si quelque farinier, accapareur avide,
Voulait vendre son grain au-delà du tarif,
Qu'on l'appréhende au corps et qu'il soit roué vif!

PREMIER HOMME DU PEUPLE.

Vive le duc!

LE DUC.

Criez plutôt : Vive Molière!

JACQUES DE LESTRILLES.

Quoi! cet acteur fameux, dont la province est fière?...

LE DUC.

Le voilà!

MOLIÈRE, au duc.

Ménagez votre hôte, s'il vous plait.

(Entre Oronte, qui reste inaperçu.)

LE DUC.

Non... Il faut à Molière un triomphe complet.
C'est pour moi que ce soir vous jouez; mais j'ordonne
Qu'à Montméjean, demain, un spectacle se donne
Gratis... J'en fais les frais.

(Le duc donne une bourse à Molière.)

MOLIÈRE.

J'accepte... Seulement,
J'y mettrai, Monseigneur, avec votre agrément,
Une condition.

LE DUC.

Laquelle?

MOLIÈRE.

Que la somme
Pour les pauvres se change en pain.

PREMIER HOMME DU PEUPLE.

Excellent homme!

MADELEINE BÉJART, avec exaltation.

Grand génie et grand cœur!

MOLIÈRE.

Messieurs, c'est entendu.

(Mettant la bourse dans les mains du premier jurat.)

Qu'aux indigents cet or soit par vous répandu.

ORONTE, se faisant voir en battant des mains.

Bravo!

LE DUC, étonné, à Oronte.

Saint-Aignan... vous, ici... l'homme à la mode?

ORONTE, pressant la main du duc d'Epernon.

Un mystère.

(A Molière.)

Avec vous, cela me raccommode.
Vous jugez mal les vers, mais votre cœur est bon...

(Tirant son manuscrit de sa poche.)

Et puis j'ai très mal lu les miens... Je veux...

MOLIÈRE, reculant, avec un effroi comique.

Pardon
Demain... Plus tard... Mon rôle à l'instant me réclame...
Je vais devant le Duc...

(Désignant Madeleine Béjart)

jouer avec Madame.

ORONTE, saluant Madeleine Béjart.

La Grésinde !

LE DUC.

Messieurs, ne vous éloignez pas.
Déjà mes invités sont réunis en bas.
C'est l'heure du spectacle, et je vous y convie
Tous...

(Aux hommes du peuple.)

Vous aussi... Ce jour marquera dans ma vie.
Oui, nos petits neveux, fiers de leurs devanciers,
Diront : « Le vieux Bordeaux a vu, l'un des premiers,
» Rayonner dans Molière un moderne Térence,
» La gloire du théâtre et l'honneur de la France! »

FIN DE MOLIÈRE A BORDEAUX.